AF340909

ÉLOGE FUNÈBRE

DE MADAME LA COMTESSE

GABRIEL DE LAMBILLY

PRONONCÉ LE 16 FÉVRIER 1889

DANS L'ÉGLISE DE TAUPONT

PAR

MONSEIGNEUR BÉCEL, ÉVÊQUE DE VANNES.

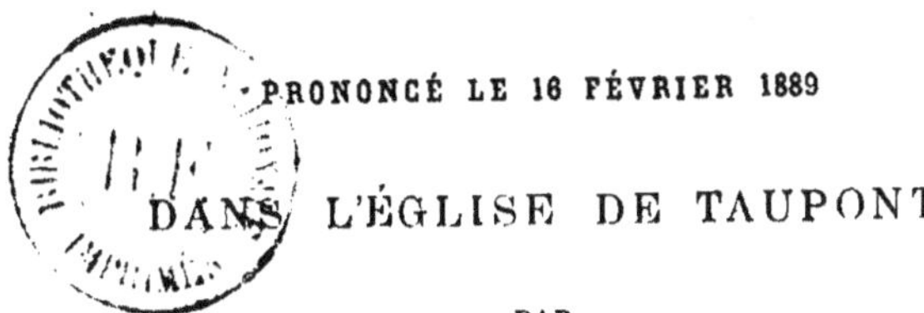

In memoria æterna erit justus.
Ps. CXI. 7.

VANNES

IMPRIMERIE GALLES, RUE DE L'HÔTEL-DE-VILLE.

—

1889

ÉLOGE FUNÈBRE

DE MADAME

LA COMTESSE GABRIEL DE LAMBILLY

> « *Et vos estote parati, quia qua hora non putatis Filius hominis veniet.* — Et vous aussi soyez prêts, parce que, à l'heure que vous ne pensez pas, le Fils de l'homme viendra. »
> S. Luc, XII, 40.

MES FRÈRES,

Elles sont éloquentes mais terribles les leçons que nous donne la mort. En profitons-nous ? A bien dire, notre vie, si fragile et si courte, s'écoule au milieu des mourants, comme une onde, souvent bien amère, calme et agitée tour à tour. Les deuils succèdent aux deuils, de même que les jours, qui se suivent et ne se ressemblent pas. Mais, hélas! la plupart du temps, le cours ordinaire des affaires humaines nous dérobe jusqu'à la pensée de nos fins dernières. « C'est, dit Bossuet, une étrange faiblesse de l'esprit humain que jamais la mort ne lui soit présente, quoiqu'elle se mette en vue de tous côtés et en mille formes diverses. On n'entend dans les funérailles que des paroles d'étonnement de ce que ce mortel est mort. Chacun rappelle en son souvenir depuis quel temps il lui a parlé et de quoi le défunt l'a entretenu ; et tout d'un coup il est mort ; voilà, dit-on, ce que c'est que l'homme! et celui qui le dit, c'est un homme, et cet homme ne s'applique rien, oublieux de sa destinée : ou, s'il passe dans son esprit quelque désir volage de s'y préparer, il dissipe bientôt ces noires idées : et je puis dire que les mortels n'ont pas moins de soins d'ensevelir les pensées de la mort que d'enterrer les morts mêmes. »

Autrefois, du moins, mes Frères, on enterrait les morts non loin de la demeure des vivants, autour de la maison de Dieu, sinon dans les églises. Leurs ossements desséchés étaient ensuite pieusement recueillis et conservés respectueusement dans des reliquaires visibles à tous, et où chacun pouvait lire des sentences telles que celles-ci : HODIE MIHI, CRAS TIBI ; *aujourd'hui, c'est mon tour ; le vôtre viendra demain. En attendant, souvenez-vous de moi, vous, du moins, qui fûtes mes amis ;* MISEREMINI MEI, SALTEM VOS AMICI MEI.

Qu'arrive-t-il de nos jours, lorsque la mort impitoyable accomplit autour de nous son œuvre de destruction ? Où transportera-t-on bientôt les cimetières, sous prétexte de salubrité publique ? Combien de temps encore sera-t-il permis d'y élever le symbole de la rédemption, gage de l'immortalité ? N'a-t-on pas commencé déjà à brûler les corps, au lieu de les rendre à la terre, d'où ils sont sortis ? Que faut-il augurer de ces pompes funèbres renouvelées du paganisme, dans un but à la fois mercantile et sacrilège ? Que signifient ces couronnes de toutes dimensions et de toutes couleurs entassées sur je ne sais combien de chars, quand il s'agit surtout de rendre des honneurs soi-disant civils à des malheureux qui ont renié leur baptême ? On s'imagine porter ainsi un rude coup au culte catholique.

Ici, mes très chers Frères, autour de ce modeste catafalque, j'ai la consolation d'apercevoir des couronnes d'une autre sorte, — une couronne de prêtres, toujours empressés de rendre hommage au mérite et à la vertu, qui chantaient tout à l'heure l'office des morts avant et pendant le saint sacrifice de la messe, — une couronne de parents et d'amis, qui prient et pleurent en silence, — une couronne de pauvres, qui mesurent l'étendue de la perte qu'ils ont faite et se montrent reconnaissants des bienfaits reçus...

C'est ainsi qu'il convenait d'interpréter les désirs et les sentiments de noble Dame Eugénie-Armande de Montebize, comtesse de Lambilly, insigne bienfaitrice de Taupont et autres lieux, le modèle des épouses et des mères chrétiennes, après avoir payé d'abord son tribut à la piété filiale. Cette grande chrétienne pensait à la mort; elle s'y préparait au moins tous les mois, sans négliger de remplir humblement, à l'ombre discrète du foyer domestique, ses devoirs envers Dieu et envers le prochain. Il nous est doux de penser que la mort, qui l'a frappée soudainement, ne l'a point prise au dépourvu. Il me semble entendre sortir de ce cercueil une voix qui nous fut connue. Elle nous adresse à tous cet avertissement fraternel : « Et vous aussi soyez prêts, parce que, à l'heure que vous n'y pensez pas, le

Fils de l'homme, qui m'a jugée dans sa miséricorde, viendra vous demander, comme à moi, un compte rigoureux de vos actions, de vos omissions, de vos désirs, de vos pensées les plus secrètes. *Et vos estote parati !* »

Oui, mes Frères, j'ose affirmer que la vénérée défunte, objet de nos regrets, de nos larmes et de nos prières, était prête à paraître devant Dieu. Comment s'y était-elle préparée ? C'est elle qui, sans le savoir, m'a fourni la réponse à cette grave et délicate question. N'ai-je pas, en effet, qualité pour parler en son nom, après avoir compulsé, avec une vive émotion, deux de ses manuscrits, qui me furent obligeamment communiqués hier : son testament spirituel et son règlement de vie. Il n'y aurait pas d'éloge funèbre comparable à la lecture de ces documents intimes, qui sont de nouveaux titres de la meilleure des noblesses. Le résumé que j'entreprends de vous en faire, méritera, je l'espère, votre religieuse attention et obtiendra vos bienveillants suffrages.

Mes Frères, en face de ce cercueil, au pied du tabernacle, où le Roi de gloire semble anéanti sous les espèces sacramentelles, m'oublierais-je à vous parler de tout ce qui flatte trop souvent et quelquefois mal à propos notre vanité : une naissance illustre, des richesses considérables, des alliances recherchées, de rares qualités, des services exceptionnels, une grande considération ?... N'aurais-je pas à craindre que par une permission de Dieu, la pauvre morte, dont l'humilité fut toujours si parfaite, se dressât devant nous pour me reprocher mon indiscrétion : « Souvenez-vous plutôt, dirait-elle, que nous ne sommes tous, au jugement de Dieu, que des pécheurs ! » — « Vanité des vanités, tout est vanité (1). »

Longtemps avant de rendre son âme à son Créateur, elle avait pris soin d'exprimer en ces termes sa religieuse reconnaissance et ses plus ardentes aspirations : « Je remercie Dieu de la grâce toute spéciale qu'il m'a faite d'être née au sein de l'Église catholique, et veux m'efforcer jusqu'à mon dernier jour d'être fidèle aux engagements de mon baptême. Je le remercie également de m'avoir amenée dans un pays catholique où la religion est pratiquée, et de m'avoir ainsi ménagé mon entrée dans le Tiers-Ordre de

(1) Eccl., i, 2.

Saint-François d'Assise, faveur dont je suis bien reconnaissante, quoique bien indigne, et que je ne cesse d'apprécier (1). »

Combien nous avons lieu d'être fiers, mes Frères, de voir en quelle estime elle avait la foi bretonne et nos saintes pratiques ! Jusqu'à quel point justifions-nous, de génération en génération, cette vieille renommée ? Pensons-y ! Noblesse oblige !

Passons sous silence d'importantes dispositions testamentaires relatives à la famille et par lesquelles les survivants sont mis à même de continuer les œuvres de zèle et de charité si bien conduites par celle qui n'est plus de ce monde, mais qui de là-haut inspirera et soutiendra les héritiers de sa fortune et de ses vertus. Elle tourne ensuite vers eux, avec autant d'amour que de simplicité, des regards d'une complaisance bien naturelle : « Je prie mon cher époux de me pardonner les peines que j'ai pu lui causer, malgré le désir que j'ai toujours eu de lui être agréable ; je l'assure de toute mon affection, lui demandant de prier

(1) Elle avait pris ses précautions pour emporter dans la tombe les insignes de cette Confrérie.

*

pour moi, afin que nous puissions nous retrouver dans l'éternité bienheureuse.

» Je prie mes chers enfants d'être toujours de bons et fervents chrétiens, de rester unis et d'entourer leur père de toute leur affection. Ils ne douteront jamais, je l'espère, de ma tendresse pour eux et du soin que j'ai pris de leur âme, en vue de leur salut éternel. Je les bénis et leur demande de ne jamais m'oublier dans leurs prières, de prier beaucoup pour moi. Je leur demande de marcher toujours en présence de Dieu, toute leur vie, de ne jamais faillir à leurs devoirs et de fuir toute compagnie dangereuse. Je leur demande aussi d'aimer et de soulager les pauvres, en ne considérant pas les personnes, qui ne le méritent pas toujours, mais de voir en eux les membres souffrants de Jésus-Christ. Je les prie d'être exacts à remplir leurs pratiques religieuses, se rappelant que dans la fréquentation des sacrements se trouve la force dont on a besoin dans les épreuves de la vie. »

Ces invitations pressantes se terminent par de justes actions de grâces envers la très sainte Vierge, des recommandations à saint Joseph, patron de la bonne mort et des familles chrétiennes, à saint François d'Assise et aux Anges gardiens, une nouvelle consécration au Sacré-Cœur... Qui de nous, petits et grands, jeunes et vieux, ne peut pas faire son profit de ces confidences d'une âme d'élite !

Par quels moyens, mes Frères, a-t-elle travaillé efficacement à sa propre sanctification ?

Son règlement de vie, très circonstancié, est aussi précis que complet. Tout y est prévu, pour la journée, pour la semaine, la prière du matin et du soir, avant et après les repas, le travail, *qui se fera en présence de Dieu*, le repos, la confession, la communion. C'est tout un programme de haute spiritualité. Les pieux exercices y sont mentionnés, la méditation quotidienne, l'assistance à la sainte messe, où elle ne manquait jamais de faire au moins la communion de désir, la récitation du petit Office de la très Sainte Vierge, la visite au très Saint Sacrement, la récitation du chapelet et de la couronne franciscaine, la lecture de piété, l'examen particulier, le chemin de la croix, qu'elle faisait tous les vendredis, — pendant le carême le mercredi également, — chaque jour pendant la semaine sainte. Le vendredi et le samedi, elle s'imposait, aux heures des repas, une petite mortification. Après la prière du soir, qu'elle faisait, autant que possible, en commun, elle avait l'intention de garder le silence, *au moins intérieurement*, jusqu'à la messe du lendemain, pour se mieux préparer à la sainte communion. « Vous savez, disait-elle à Notre Seigneur, la peine que j'éprouve, ô bon Maître, lorsque je suis privée de participer à votre banquet sacré ! »

Cette vie d'union à Jésus-Hostie ne la détournait point de ses devoirs de société et de maîtresse de maison. Si elle n'aimait pas les réunions mondaines, elle savait y être polie, aimable et obligeante.

Voici deux articles de son règlement qui appellent particulièrement votre attention : « Je surveillerai mes domestiques et ne souffrirai pas, dans ce qui dépendra de moi, que rien de mal se passe dans ma maison.

» Je ferai mon possible pour assister aux offices de la paroisse, les dimanches et les fêtes. »

Par quelles pratiques de dévotion la plupart des chrétiens s'appliquent-ils à sanctifier le dimanche ? Se font-ils scrupule de ne pas édifier

leurs frères par leur assiduité aux offices publics ?
Ne les scandalisent-ils pas plutôt par des habi-
tudes qui n'ont rien de conforme à l'esprit de
l'Église ? S'inquiètent-ils même d'entendre la
parole de Dieu ? Aussi quelle ignorance, en
matière de religion, même dans les classes
appelées dirigeantes !

En même temps, que se passe-t-il dans les
meilleures familles, quand les gens de la maison
sont abandonnés à leurs inclinations naturelles
et à leurs fantaisies, pourvu que le service
se fasse régulièrement ? Si, sous ce dernier
rapport, l'œil du maître est nécessaire pour
l'accomplissement des devoirs journaliers, pour
sauvegarder les intérêts matériels et garantir
l'ordre et la tenue, ceux qui commandent n'ont-
ils pas, à certains égards, charge d'âmes ?
Malheur à eux, s'ils se croient irresponsables
en pareil cas !

Telle n'était point la manière de penser et de
faire de la femme que vous avez vue vigilante,
pleine d'indulgence et de fermeté.

Ses dévotions particulières n'avaient rien de
gênant pour personne, dans son entourage, pas

plus qu'au dehors. Elle savait se faire toute à tous. Son mari lui-même, à qui elle avait inspiré une si grande estime, un si profond respect, une absolue confiance, n'a connu qu'après sa mort des détails très édifiants de cette vie cachée en Dieu. C'est bien le lieu de citer cette parole du Sage : *Pars bona mulier bona ; in parte timentium Deum, dabitur viro pro factis bonis.* — « La femme vertueuse est un excellent partage de ceux qui craignent Dieu. et elle sera donnée à l'homme pour ses bonnes actions (1). »

Cet époux bien aimé, dont le cœur vient d'être brisé inopinément, avait, lui aussi, l'amour du bien public, au point de mériter le don qu'il avait reçu du Ciel d'une compagne accomplie. Qu'il ne pleure pas comme ceux qui n'ont plus d'espérance ! Qu'il se réjouisse plutôt d'avoir découvert dans celle qu'il aimait des perfections qui doivent le réconforter sans le surprendre ! Dieu, d'ailleurs, ne brise pas au ciel les liens qu'il a formés et bénis sur la terre. Il sera puissamment aidé en remplissant avec courage et sollicitude, seul en apparence, la difficile mission qui lui incombe auprès de ses enfants, sans parler des

(1) Ecclésiastique ; xxvi, 3.

services que son pays n'attendra pas vainement
de lui, dans l'avenir comme par le passé. Il
prêchera de parole et d'exemple la religion
et le patriotisme à ses fils, qui ont reçu de
leur mère des instructions si touchantes dont
ils ont déjà profité. Loyaux et fidèles comme leur
père, ils apprendront toujours de lui à aimer
l'Église et la France, à les servir au prix des
plus généreux sacrifices, à respecter toute au-
torité légitime et honorable, à combattre le bon
combat pour la vérité, la justice et la vraie liberté,
sans jamais souscrire à des accommodements
réprouvés de Dieu et de tout honnête homme.

Il me paraît utile de faire de nouveaux emprunts
au règlement de vie où nous avons déjà puisé
tant d'édification. Il suffirait pour nous faire
avancer rapidement dans la voie de la perfection.
Écoutez donc encore :

« Je me confesserai tous les quinze jours,
tâchant de faire cette confession comme si elle
devait être la dernière.

» Je passerai le premier vendredi du mois
dans le recueillement, pour me préparer à la
mort, tâchant de faire ce jour-là mes actions
comme si elles devaient être les dernières. Je

ferai aussi une revue des fautes que j'aurai commises dans le mois, afin de m'exciter par ce moyen à plus de douleur de mes péchés et de prendre la résolution de m'en corriger. Je renouvellerai les promesses de mon baptême ainsi que ma consécration au Sacré-Cœur. J'invoquerai plus particulièrement la sainte Vierge et saint Joseph, pour les prier de veiller sur moi et de venir à mon secours, quand je passerai de ce monde à l'éternité !

» Je ne manquerai pas de faire l'aumône et de visiter les malades.

» Je veillerai à mes conversations, afin d'éviter tout ce qui pourrait blesser la charité envers le prochain.

» J'accepterai en esprit de pénitence les peines et les afflictions que le bon Dieu m'enverra, en tâchant de me bien pénétrer de cette vérité, à savoir que tout ce qui m'arrivera n'égalera pas le nombre de mes péchés, et je tâcherai même, dans les choses pénibles, en demandant à Notre Seigneur le secours de sa grâce, de le remercier des peines que j'éprouverai et de les unir à celles qu'il a souffertes pour moi. »

Parents et amis, vous tous habitants de cette paroisse, qui avez vu à l'œuvre cette vaillante chrétienne, j'en appelle à votre témoignage, d'autant plus digne de foi que, pour un grand nombre, il sera dicté par un cœur reconnaissant aussi bien que par un esprit sincère. Mais on ne saura jamais tout le bien que cette sainte femme a fait au milieu de vous, pendant près d'un quart de siècle, toujours affable, d'une modestie et d'une distinction remarquables. Elle voulait que *sa main gauche ignorât ce que donnait sa droite.* Aussi, lorsqu'elle ne pouvait se passer d'un intermédiaire pour arriver à ses fins charitables, recommandait-elle de n'en rien dire. Qui pourrait compter les pauvres qu'elle a nourris et vêtus, les malades qu'elle a visités et secourus, les affligés qu'elle a consolés? Faut-il donc s'étonner que la nouvelle inattendue de sa mort ait jeté la consternation dans la contrée et fait couler d'abondantes larmes ! Un de ses protégés disait hier : « Si vous saviez quelle bonne Dame nous avons perdue ! Elle ne repoussait jamais le pauvre monde. Quand nous ne la trouvions pas au château, nous allions la chercher à sa chapelle... » Sa mémoire, mes Frères, sera en bénédiction. C'est, ou jamais, l'occasion de s'écrier : *Vox populi, vox Dei.*

Femmes chrétiennes, à son exemple, levez-vous, comme autant de providences terrestres et priez. Formez une légion de volontaires, pieuses, mortifiées, dévouées, prêtes à vous sacrifier pour les saintes causes de la religion et de la patrie. C'est à vous peut-être que nous devrons le secours surhumain qui nous est nécessaire pour triompher de tous nos ennemis...

Que ceux qui voudront coopérer à ce double sauvetage, mes Frères, soient animés d'une foi vive et agissante, d'une espérance inébranlable, d'une charité ardente ! Or, dit saint Paul, écrivant aux Corinthiens, *la dernière de ces vertus est la plus excellente.* C'est elle qui enflammait le cœur aimant de la comtesse de Lambilly. Elle aimait Dieu par dessus toutes choses et le prochain, pour Dieu lui-même, comme elle le fit observer à ses fils, en les exhortant à voir dans les pauvres les membres souffrants de Jésus-Christ. Et, si elle ne refusait jamais d'assister ses frères dans leurs nécessités corporelles et spirituelles, elle se gardait de leur porter le moindre préjudice dans leur réputation. Je me crois autorisé à vous dire après Bossuet, parlant de Henriette de France :

« Rappelez en votre mémoire avec quelle circonspection elle ménageait le prochain, et combien elle avait d'aversion pour les discours empoisonnés de la médisance. Elle savait de quel poids est, non seulement la moindre parole, mais le silence même des grands... Ceux qui la voyaient attentive à peser toutes ses paroles, jugeaient bien qu'elle était sans cesse sous la vue de Dieu et que jamais elle ne perdait la sainte présence de sa majesté divine. Aussi rappelait-elle souvent ce précieux souvenir par l'oraison, et par la lecture du livre de l'Imitation de Jésus-Christ, où elle apprenait à se conformer au véritable modèle des chrétiens. Elle veillait sans relâche sur sa conscience... Elle ne connut d'autres ennemis que ses péchés. Aucun ne lui sembla léger ; elle en faisait un sérieux examen ; et, soigneuse de les expier par la pénitence et par les aumônes, elle était si bien préparée, que la mort n'a pu la surprendre, encore qu'elle soit venue sous l'apparence du sommeil. »

La fin lamentable d'Henriette d'Angleterre inspirait encore au grand évêque de Meaux d'immortels accents dont il est facile de faire ici une application frappante : « O nuit désastreuse, nuit effroyable, où retentit tout à coup, comme un

éclat de tonnerre, cette étonnante nouvelle :
MADAME SE MEURT, MADAME EST MORTE !... »

Hélas ! oui, mes Frères, elle est morte cette
femme si douce et si bienfaisante que la Pro-
vidence avait amenée chez nous pour s'y faire
représenter dignement. C'est une perte irrépa-
rable. Elle est pleurée des siens et de tous ceux
qui l'ont connue. Dieu l'a trouvée mûre pour le
ciel. Il a voulu couronner ses vertus. Résignons-
nous à sa volonté sainte et ne cherchons point,
malgré les réclamations de notre cœur, à lui
demander compte de ses desseins impénétrables.

Si convaincus que nous soyons du salut éternel
de cette grande et belle âme, supplions Dieu de
lui accorder le repos et la gloire où elle aspirait
ardemment. C'est un devoir sacré. Il nous sera
consolant de le remplir. Nous acquerrons ainsi
un titre à sa protection, qui ne nous sera point
refusée et dont nous avons si grand besoin.

Aussi bien, mes Frères, songeons à nous.
Souhaitons de marcher sur les traces de ceux
« qui nous ont précédés avec le signe de la foi
et qui dorment, après la lutte, du sommeil de la
paix. » A cette condition, nous pourrons espérer

« mourir de la mort des justes, et la fin de notre
vie ressemblera à la leur (1). » Pour nous tenir
en haleine et rendre la victoire plus certaine,
méditons souvent et sans nous faire illusion sur
la durée de notre existence terrestre l'avertissement salutaire choisi pour texte de ce discours :
« Et vous aussi, soyez prêts, parce que, à
l'heure que vous ne pensez pas, le Fils de
l'homme viendra. »

Ainsi soit-il !

(1) Nombres, XXIII, 10.

130

www.ingramcontent.com/pod-product-compliance
Lightning Source LLC
LaVergne TN
LVHW011031050726
842519LV00004B/1320